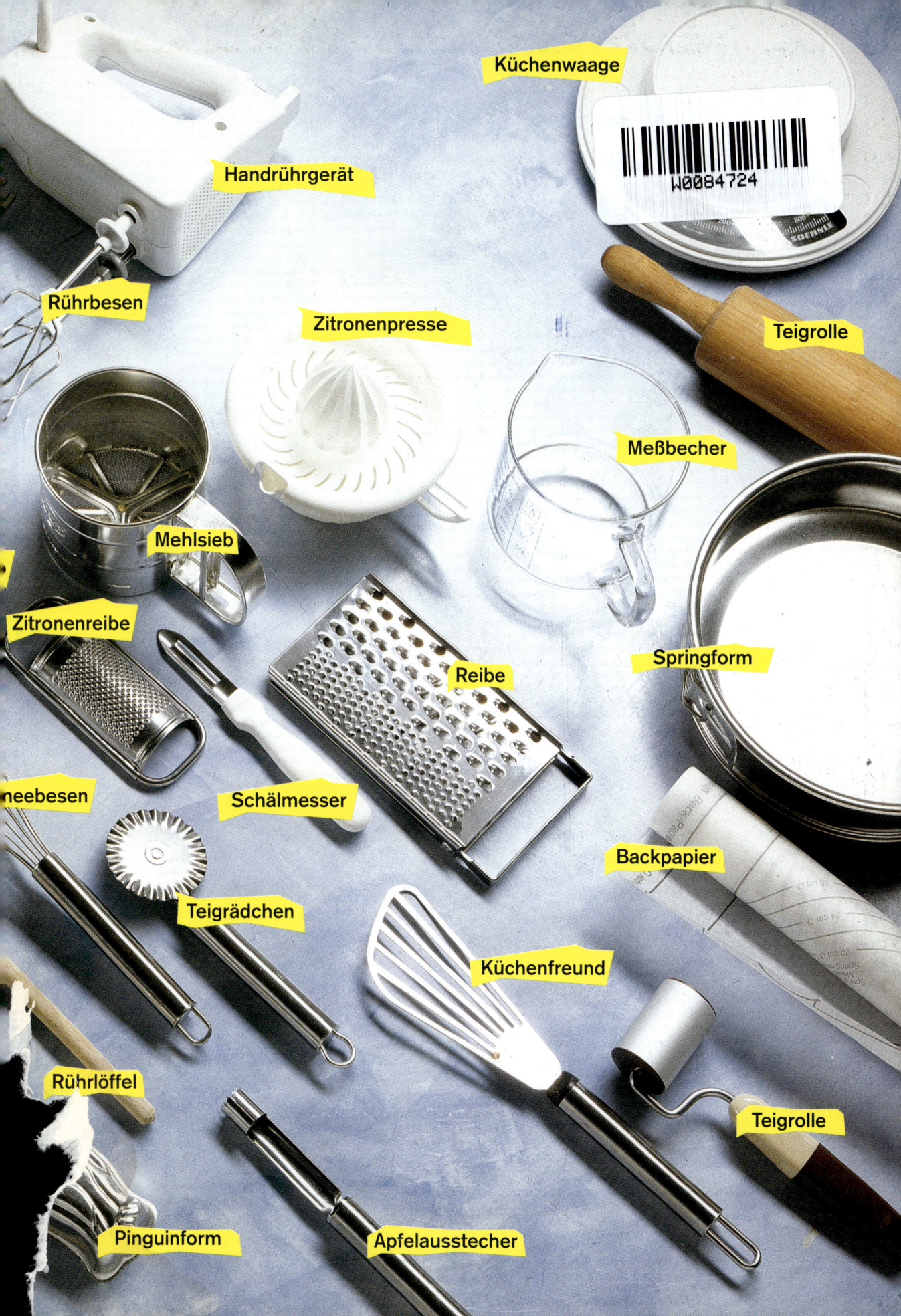

Küchenwaage

W0084724

Handrührgerät

Teigrolle

Rührbesen

Zitronenpresse

Meßbecher

Mehlsieb

Zitronenreibe

Reibe

Springform

neebesen

Schälmesser

Backpapier

Teigrädchen

Küchenfreund

Rührlöffel

Teigrolle

Pinguinform

Apfelausstecher

DR. OETKER
Kinder
Backbuch

DR. OETKER
Kinder
Backbuch

CERES

Hallo Kinder!

Wißt Ihr, was absolut toll ist und riesigen Spaß macht? Selber backen! Jawohl – nicht mehr nur Schüsseln ausschlecken, sondern selber zum Rührbesen greifen und die köstlichsten Dinge aus dem Ofen zaubern.
Neben Geburtstag, Weihnachten usw. gibt es schließlich 1000 Gründe, um ein paar Freunde zum Spielen und zum selbstgemachten Kuchen einzuladen.

In diesem Buch findet Ihr viele kinderleichte, originelle und auch gesunde Rezepte, die Euch bestimmt beim Durchblättern schon Appetit machen.
Stürzt Euch aber lieber erst mal mit Muttis oder Papis Hilfe aufs Backen, denn so ein Backofen kann schon gefährlich heiß sein.
Bestimmt kommt Ihr bald auf den „Back-Geschmack" und habt eigene Ideen, was man so alles machen kann.

Also dann,
auf die Plätzchen fertig los . . .

Diese Seite haben wir nicht mehr geschafft auszumalen.

Vielleicht kannst Du uns helfen!

Apfel im Schlafrock

Dazu brauchst Du:

Für den Teig:
375 g Weizenmehl (Type 405)
1 Messerspitze Backpulver
200 g kalte Butter oder
 Margarine
100 g Puderzucker
1 Prise Salz / 1 Ei

Für die Füllung:
50 g Butter
50 g abgezogene, gehackte
 Mandeln
30 g Zucker
100 g Sultaninen
6 mittelgroße säuerliche Äpfel,
 z.B. Boskop (je 150 g)

Zum Bestreichen: 1 Ei

Zum Garnieren:
3 EL Puderzucker

1 Apfelausstecher
1 Teigrolle
1 Backpinsel
1 Backblech
Backpapier
1 Puderzuckersieb

Stelle bereit:

1 Rührschüssel
1 Mehlsieb
1 Handrührgerät mit
 Knethaken
Alufolie
1 Pfanne
1 Holzlöffel
1 Sparschäler

So wird's gemacht:

Für den Teig mische Mehl mit Backpulver und siebe es in die Rührschüssel. Füge die anderen Zutaten hinzu. Verarbeite alles mit dem Handrührgerät mit Knethaken zu einem krümeligen Teig. Knete diesen auf der Arbeitsfläche nochmals gründlich durch. Forme den Teig zu einem Rechteck. Wickele das Teigrechteck in ein Stück Alufolie und lege es mindestens 2-3 Stunden in den Kühlschrank.

Für die Füllung laß in einer Pfanne die Butter hell bräunen.

Füge Mandeln, Zucker und Sultaninen hinzu. Rühre die Masse mit dem Holzlöffel, bis sie goldbraun gefärbt ist. Stelle die Füllung zum Abkühlen an die Seite.

Wasche die Äpfel und schäle sie. Mit dem Apfelausstecher bohre von oben (Apfelblüte) nach unten (Apfelstengel) eine Röhre.

Nimm den Teig aus dem Kühlschrank und teile ihn in 6 Portionen. Bestreue die Arbeitsfläche mit Mehl und rolle jedes Teigstück etwa 3 mm dick aus. Dann setze den Apfel auf das Teigstück. Fülle in die

Apfelröhre die goldbraune Mandel-Sultaninen-Masse. Gib das Ei auf einen kleinen Teller und verschlage es mit einer Gabel. Streiche das Ei mit dem Backpinsel ringsum, etwa 2 cm breit, auf die Teigränder. Dann hebe vorsichtig den Teig hoch und drücke ihn an den Apfel. Der Apfel muß von dem Teig bedeckt sein. Streiche zuletzt das restliche Ei über den Teig. Setze die Äpfel im Schlafrock auf das mit Backpapier belegte Backblech. Schiebe das Backblech in den Backofen und laß die Äpfel im Schlafrock hellbraun backen. Wenn die Äpfel abgekühlt sind, bestäube sie mit dem Puderzucker. Verteile die restliche Mandel-Sultaninen-Masse um die Äpfel im Schlafrock.

Backofen-Einstellung:
Ober-/Unterhitze: etwa 200 °C (vorgeheizt)
Heißluft: etwa 180 °C (nicht vorgeheizt)
Gas: Stufe 3-4 (vorgeheizt)
Backzeit: 30-40 Minuten.

Das paßt dazu: Heiße oder kalte Vanillesauce.

Ich würde die Alufolie der Umwelt zuliebe nicht nehmen. Lege den Teig auf einen flachen Teller und decke diesen mit einem tiefen Teller darüber zu.

Pi-Pa-Pinguin

Zum Einfetten/Ausstreuen:
Butter/Semmelbrösel

Für den Teig:
250 g weiche Butter oder
   Margarine
250 g feinkörnigen Zucker
1 Päckchen Vanillin-Zucker
   oder das ausgekratzte Mark
   von 1 Vanilleschote
1 Prise Jodsalz
4-5 Eier
375 g Weizenmehl
   (Type 1050)
2 gestrichene TL Backpulver
125 ml (⅛ l) Vollmilch

Zum Garnieren der Pinguine:
250 g Puderzucker
2 EL Zitronensaft
1-2 EL Wasser
Back- und Speisefarben
Kakao
Gebäckschmuck,
   z.B. Zuckerstreusel
Puderzucker

Stelle bereit:

1 große Pinguinform
   (Länge: etwa 30 cm,
   Breite: etwa 14 cm)

> Pinguine leben weit
> weg irgendwo im
> Eismeer. Sie vertragen
> nämlich keine Hitze.
> Diese Pinguine
> dagegen fahren voll
> auf Hitze – nämlich
> Backofenhitze – ab.

3 kleine Pinguinformen
   (Länge: etwa 11,5 cm,
   Breite: etwa 5,5 cm)
1 große Rührschüssel
1 Handrührgerät mit
   Rührbesen
1 Teigschaber
1 Kuchenrost
1 kleine Schüssel
1 Backpinsel
1 Puderzuckersieb

So wird's gemacht:

Streue die Pinguinbackformen
mit Semmelbröseln aus. Für
den Teig gib Butter oder Margarine, Zucker, Vanillin-Zucker
oder Vanillemark und Salz in
die Schüssel und rühre die Zutaten mit dem Handrührgerät
mit Rührbesen schaumig.
Füge jedes Ei einzeln unter

Rühren hinzu. Mische Mehl mit Backpulver, gib es auf die Masse und rühre es unter. Gieße unter Rühren langsam die Milch in die Schüssel, bis der Teig schwer reißend vom Löffel fällt. Fülle in jede kleine Pinguinform 1 gehäuften Eßlöffel Teig.

Den Rest Teig gib in die große Pinguinform und streiche mit dem Teigschaber die Teigoberflächen in den Backformen glatt.
Schiebe die Formen auf dem Rost in den Backofen. Löse die gebackenen Pinguine vorsichtig aus der Form und lasse sie auf einem Kuchenrost etwas abkühlen.

Verrühre Puderzucker mit Zitronensaft und Wasser zu einer cremigen Masse. Färbe sie mit Back- und Speisefarben und bemale die Pinguine damit. Für die dunkle Farbe verrühre den Puderzuckerguß mit etwas Kakao. Verziere die Pinguine z.B. mit Zuckerstreuseln. Bestäube die Pinguine noch mit etwas Puderzucker, damit sie schön verschneit aussehen.

Backofen-Einstellung
Ober-/Unterhitze: 170-200 °C
(nicht vorgeheizt)
Heißluft: 150-170 °C
(nicht vorgeheizt)
Gas: etwa Stufe 3
(nicht vorgeheizt)
Backzeit für die kleinen Pinguine: etwa 15 Minuten
Backzeit für den großen Pinguin: etwa 35 Minuten.

Falls Du die Vanilleschote verwendest, gib die Hälften in ein kleines Schraubglas mit Zucker. So hast Du selbsthergestellten Vanille-Zucker.

Party-Power-Picks

150 g Weizenmehl (Type 405)
100 g kalte Butter
100 g fettarmen Joghurt
100 g feingeriebenen Käse
(mittelalten Gouda)
$\frac{1}{2}$ gestrichenen TL Jodsalz

Diese
Party-Power-Picks
sind so klasse,
daß – wie man sieht –
gleich zwei
an ihnen rum-
knabbern möchten!

Zum Garnieren:
1-2 Eigelb
1-2 EL Milch
Mohn
Kümmel
geriebenen Käse

1 Rührschüssel
1 Mehlsieb
1 Handrührgerät mit
   Knethaken
Frischhaltefolie
1 Teigrolle
1 Teigrädchen
1 Backblech
Backpapier
1 Backpinsel

So wird's gemacht:

Siebe das Mehl in die Rührschüssel. Füge die Butter in Flöckchen, Joghurt, geriebenen Käse und Jodsalz hinzu und verrühre die Zutaten mit dem Handrührgerät mit Knethaken zu einem krümeligen Teig. Knete diesen auf der bemehlten Arbeitsfläche mit den Händen nochmals gut durch. Klebt er an den Fingern, dann greife in die Mehltüte und streue etwas Mehl über den Teig. Wickele den Teig in Folie und lege ihn etwa 1 Stunde in den Kühlschrank. Rolle den Teig auf der bemehlten Arbeitsfläche etwa ½ cm dick aus. Schneide mit dem Teigrädchen oder einem Messer etwa 2 cm breite und 10 cm lange Streifen aus. Wenn Du Lust hast, kannst Du die Streifen zu einer Spirale drehen, das eine Ende nach links, das andere nach rechts. Lege die Stangen auf ein mit Backpapier belegtes Backblech.

Verrühre das Eigelb mit der Milch und streiche es mit dem Backpinsel auf die Teigstangen. Bestreue die Party-Power-Picks mit Mohn, Kümmel oder geriebenem Käse. Schiebe das Backblech in den Backofen.

Backofen-Einstellung:
Ober-/Unterhitze: etwa 200 °C (vorgeheizt)
Heißluft: etwa ~~180~~ °C 150°
(nicht vorgeheizt)
Gas: Stufe 3-4 (vorgeheizt)
Backzeit: etwa ~~10~~ Minuten.

20 - 30 Min

ca 25 Stück

Die Party-Power-Picks nicht zu dunkel backen, dann schmecken sie bitter! Wohin mit dem Eiweiß? Vielleicht gibt es heute zum Abendbrot Rühreier oder Omeletts, dann gibst Du das Eiweiß dazu!

Osterhasen und -enten

Dazu brauchst Du:

Für den Teig:
250 g Magerquark
200 ml Milch
100 ml Sonnenblumenöl
1 Ei
80 g feinkörnigen Zucker
1 Päckchen Vanillin-Zucker
1 Messerspitze Jodsalz
500 g Weizenmehl (Type 405)
½ Päckchen Backpulver

Zum Garnieren der Hasen
und Enten:
1 Eigelb
1 EL Milch
Hagelzucker oder grob-
    gehackte Mandeln, Perlen-
    zucker, Zuckerstreusel
oder verziere nach Deiner eigenen Phantasie!

Stelle bereit:

1 große Rührschüssel
1 Handrührgerät mit
    Knethaken
1 Mehlsieb
1 Teigrolle
evtl. 1 Hasenförmchen
    (zum Ausstechen)
evtl. 1 Entenförmchen
    (zum Ausstechen)

Seitdem die Enten mitgekriegt haben, daß sämtliche Hasen zu Ostern kurz vorm Nervenzusammenbruch stehen, haben sie beschlossen, ihnen zu helfen. Schließlich verstehen Enten auch was von Eiern.

1 Backblech
Backpapier
1 Backpinsel
1 Kuchenrost

So wird's gemacht:

Gib Quark, Milch und Öl in die Schüssel und verrühre die Zutaten mit dem Handrührgerät mit Knethaken. Füge Ei, Zucker, Vanillin-Zucker und Salz unter Rühren hinzu. Mische Mehl mit Backpulver und siebe es unter Rühren dazu. Knete anschließend mit Deinen Händen einen glatten Teig.
Rolle den Teig auf der bemehlten Arbeitsfläche etwa 3 mm dick aus und steche mit den

Förmchen Hasen und Enten aus. Wenn Du keine Förmchen hast, forme Osterhasen und -enten nach Deinen eigenen Vorstellungen. Lege die Hasen und Enten auf das mit Backpapier belegte Backblech. Verrühre das Eigelb mit der Milch und streiche es mit Hilfe des Backpinsels auf die Figuren. Bestreue sie mit Hagelzucker oder den anderen Garnierzutaten. Schiebe das Blech in den Backofen, laß die Hasen und Enten etwa 10 Minuten goldgelb backen und lege sie zum Abkühlen auf den Kuchenrost.

Backofen-Einstellung:
Ober-/Unterhitze: etwa 200 °C (vorgeheizt),
Heißluft: etwa 180 °C (nicht vorgeheizt)
Gas: Stufe 3-4 (vorgeheizt)
Backzeit: etwa 10 Minuten.

T I P

Du kannst die Osterhasen und -enten auch mit Speisefarben bemalen!

Osterhasen-Lieblingstörtchen

(15 Törtchen)

Dazu brauchst Du:

Zum Einfetten der Torteletts:
Butter

Für den Teig:
375 g Weizenmehl (Type 405)
250 g kalte Butter
125 g Zucker
1 Päckchen Vanillin-Zucker
1 Prise Salz
1 Ei

Zum Garnieren:
15 halbe Pfirsiche aus dem
    Glas oder aus der Dose
2 Päckchen Tortenguß klar
250 ml (¼ l) Schlagsahne
1 Päckchen Vanillin-Zucker
1 Päckchen Sahnesteif
100 g feingehackte
    Pistazienkerne

Stelle bereit:

1 Rührschüssel/1 Mehlsieb
1 Handrührgerät mit
    Knethaken
Frischhaltefolie
1 Teigrolle
15 Tortelettförmchen
    (Durchmesser 15 cm)
1 Kuchenrost/1 größeres Sieb
1 kleiner Kochtopf
1 Schneebesen
1 Handrührgerät mit
    Knethaken
1 Spritzbeutel mit Sterntülle

So wird's gemacht:

Für den Teig siebe das Mehl in die Schüssel. Gib die Butter in Flöckchen, Zucker, Vanillin-Zucker, Salz und das Ei hinzu und verrühre die Zutaten mit dem Handrührgerät mit Knethaken zu einem krümeligen Teig. Knete diesen anschließend auf der bemehlten Arbeitsfläche gut durch. Wickele den Teig in Folie und lege ihn 3-4 Stunden in den Kühlschrank. Rolle den Teig portionsweise auf der bemehlten Arbeitsfläche (etwa ½ cm dick) aus. Lege die vorbereiteten Förmchen auf den Teig und drücke sie ein. Den ausgestochenen Teig gib in die Förmchen. Stich mit einer Gabel in den Tortelettboden ein, damit keine Blasen entstehen. Schiebe die Törtchenböden auf dem Backofenrost auf der 1. Schiene von unten in den Ofen und lasse sie goldgelb backen. Lasse sie anschließend auf dem Kuchenrost auskühlen. Schütte die Pfirsiche in ein Sieb, lasse sie abtropfen und fange den Saft in dem Kochtopf auf. Verteile die Pfirsichhälften auf die Torteletts und bereite den Tortenguß zu. Gieße den heißen Tortenguß über die Pfirsichhälften und laß ihn abkühlen. Schlage die Sahne mit Sahnesteif und Vanillin-Zucker steif. Dann spritze um die Pfirsichhälften einen Sahnekranz und bestreue ihn mit Pistazienkernen.

Backofen-Einstellung:
Ober-/Unterhitze: etwa 180 °C (vorgeheizt)
Heißluft: etwa 160 °C (nicht vorgeheizt)
Gas: etwa Stufe 3 (vorgeheizt)
Backzeit: etwa 15 Minuten.

Osterbrot aus Entenhausen

Für den Teig:
500 g Weizenmehl (Type 550)
1 Päckchen Trocken-Backhefe
100 g Zucker
1 gestrichenen TL Jodsalz
125 g zerlassene, abgekühlte
   Butter
200 ml lauwarme Milch
1 Ei

Zum Bestreichen:
1 Eigelb/1 EL Milch

Zum Bestreuen:
gehackte Pistazienkerne

Stelle bereit:

1 große Rührschüssel
1 Mehlsieb
1 kleinen Stieltopf
1 Handrührgerät mit
   Knethaken
1 Backblech
Backpapier
1 Backpinsel
1 Kuchenrost

So wird's gemacht:

Für den Teig siebe das Mehl in
die Schüssel, vermische es

Freunde, gerade hat uns
die neueste Meldung aus
der Osterhasen-
Versuchsküche erreicht:
Absolut genial schmeckt
das Osterbrot mit Butter
und Schokoladen-
streuseln. So gut, daß
die Osterhasenköche
schon Gewichts-
probleme haben!

sorgfältig mit der Trocken-
Backhefe. Streue Salz und
Zucker darüber. Schmelze im
Topf die Butter und füge die
Milch dazu. Nimm den Topf
vom Herd. Gib das Butter-
Milch-Gemisch und das Ei zum
Mehl und verarbeite alle Zutaten mit dem Handrührgerät mit
Knethaken zuerst auf der nied-
rigsten, dann auf der höchsten
Stufe in etwa 5 Minuten zu einem Teig. Stelle die Schüssel
an einen warmen Platz und
decke sie mit einem Geschirr-
tuch ab. Jetzt laß alles 45 Minuten ruhen, damit die Hefe
arbeiten und den Teig aufblä-
hen kann. Nimm den Teig aus
der Schüssel und knete ihn
nochmals gut durch. Laß den

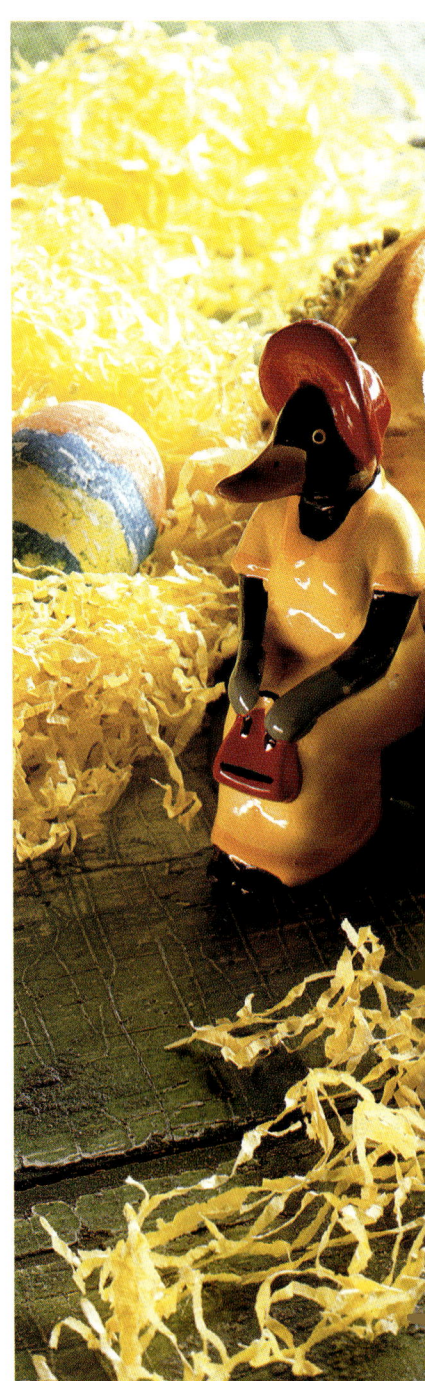

Teig nochmals an einem warmen Platz abgedeckt gehen, bis er sich sichtbar vergrößert hat. Teile den Teig in 2 gleiche Teile. Rolle aus jedem Teil einen etwa 3 cm dicken Strang. Schlinge die Stränge umeinander und schiebe die Strangenden unter das Osterbrot.

Lege das Osterbrot auf das mit Backpapier belegte Backblech. Verrühre Eigelb und Milch und streiche es mit dem Backpinsel auf das Brot. Streue die Pistazienkerne darauf. Schiebe das Blech in den Backofen. Lasse das gebackene Brot auf dem Kuchenrost auskühlen.

Backofen-Einstellung:
Ober-/Unterhitze: etwa 200 °C (nicht vorgeheizt)
Heißluft: etwa 180 °C (nicht vorgeheizt)
Gas: Stufe 3-4 (nicht vorgeheizt)
Backzeit: etwa 30 Minuten.

TIP

Falls Du schon Zöpfe flechten kannst, dann teile den Teig in 3 Teile und flechte einen richtigen Zopf.

Muttis Überraschungstorte

Zum Ausfetten der Form:
Butter

Für den Teig:
3 Eier
3 EL warmes Wasser
150 g feinkörnigen Zucker
1 Päckchen Vanillin-Zucker
60 g Weizenmehl (Type 405)
70 g Speisestärke
1 gestrichenen TL Backpulver
50 g Kakao

Für den Belag:
250 g Magerquark
2 EL Milch
1 Glas (210 g) Wild-
   Preiselbeeren
250 ml (¼ l) Schlagsahne
1 Päckchen Vanillin-Zucker
1 Päckchen Sahnesteif
Preiselbeeren

Stelle bereit:

1 Rührschüssel
1 Handrührgerät mit
   Rührbesen
1 Mehlsieb
1 Springform
   (Durchmesser 28 cm)
1 Kuchenrost/1 Schüssel

> Wetten, daß Mami nach hinten umkippt, wenn sie diese Torte sieht? Damit's eine Überraschung gibt, verdrückst Du Dich zum Backen am besten zu Oma und Opa oder zu Freunden.

So wird's gemacht:

Für den Teig rühre Eier und Wasser mit dem Handrührgerät mit Rührbesen schaumig. Gib unter Rühren den Zucker und den Vanillin-Zucker hinzu. Mische Mehl, Speisestärke, Backpulver und Kakao, siebe das Gemisch auf die Eigelb-Wasser-Creme und rühre es auf niedrigster Stufe unter. Fülle den Teig in die ausgefettete Springform und streiche die Oberfläche glatt. Schiebe die Form auf dem Rost in den Backofen. Lege den gebackenen Kuchen zum Auskühlen auf den Kuchenrost.
Für den Belag rühre Quark und Milch glatt. Anschließend rühre die Preiselbeeren darunter.

Schlage die Schlagsahne mit dem Vanillin-Zucker und dem Sahnesteif ganz fest. Vermische sie mit dem Preiselbeer-Quark und streiche die Creme auf den erkalteten Kuchen. Drücke mit einem Löffel Vertiefungen in die Creme. Verziere den Kuchen mit Beeren.

Backofen-Einstellung:
Ober-/Unterhitze: etwa 180 °C (nicht vorgeheizt)
Heißluft: etwa 160 °C (nicht vorgeheizt)
Gas: etwa Stufe 3 (nicht vorgeheizt)
Backzeit: 30-40 Minuten.

Wenn Du Lust hast, schneide den Kuchen durch, fülle ihn mit dem Preiselbeerquark und streue Puderzucker obendrauf.

Guglhupf

Dazu brauchst Du:

Zum Einfetten der Form:
Butter

Für den Teig:
75 g Butter
100 g Zucker
1 Päckchen Vanillin-Zucker
1 Prise Salz
1 Ei
100 g Magerquark
65 g abgezogene, gemahlene
   Mandeln
150 g Weizenmehl (Type 405)
2 TL Backpulver
2-4 EL Milch

Zum Garnieren:
100 g Puderzucker
1- 2 EL Zitronensaft
Back- und Speisefarben (grün)
Gebäckschmuck, z.B.
   Zuckerblüten

Stelle bereit:

1 Rührschüssel
1 Handrührgerät mit
   Rührbesen
1 Mehlsieb
1 Teigschaber
1 Napfkuchenform
   (Durchmesser 18 cm)

Übrigens freut sich
Dein Papi auch über
diesen tollen Guglhupf!
Väter sind nämlich
auch kleine Lecker-
mäuler, sie geben's
nur nicht so gerne zu!

1 kleine Schüssel
1 Backpinsel

So wird's gemacht:

Rühre die Butter in der Rührschüssel mit dem Handrührgerät mit Rührbesen geschmeidig. Laß nach und nach Zucker, Vanillin-Zucker und Salz einrieseln und rühre die Zutaten so lange unter, bis eine gebundene Masse entstanden ist. Anschließend rühre zuerst das Ei (etwa ½ Minute lang), dann den Quark und schließlich die Mandeln unter. Siebe Mehl mit Backpulver und rühre das Gemisch abwechselnd mit der Milch unter. Fülle den Teig mit Hilfe des Teigschabers in eine gefettete Napfkuchenform. Schiebe den Guglhupf auf dem Rost in den Backofen.

Lasse den gebackenen Kuchen auf dem Kuchenrost etwas auskühlen. Verrühre Puderzucker und Zitronensaft und färbe das Gemisch mit grüner Back- und Speisefarbe. Beträufle den Kuchen mit dem Guß und verziere ihn z.B. mit Zuckerblüten.

Backofen-Einstellung:
Ober-/Unterhitze: 170-200°C (vorgeheizt)
Heißluft: 160-170°C (nicht vorgeheizt)
Gas: Stufe 2-3 (vorgeheizt)
Backzeit: etwa 50 Minuten.

Hotzenplotz-Happen

1 Blech → alle Zutaten × 2 nehmen

Dazu brauchst Du:

Zum Einfetten des Backblechs: Butter

Für den Teig:
100 g Butter
150 g braunen Zucker
1 Päckchen Vanillin-Zucker
1 Prise Jodsalz
100 g Honig
150 g Vollkornhaferflocken
100 g abgezogene, gehobelte Mandeln

Stelle bereit:

1 Stieltopf
1 Rührlöffel
1 Teigschaber
1 Backblech
Alufolie
1 Kuchenrost

So wird's gemacht:

Lasse die Butter in dem Stieltopf schmelzen. Füge unter Rühren Zucker, Vanillin-Zucker, Salz und Honig hinzu und lasse alles kurz aufkochen. Nimm den Topf von der Kochstelle und rühre Haferflocken und Mandelblättchen unter. Fülle

mit dem Teigschaber den Teig auf die Hälfte eines gefetteten Backblechs (etwa 20 x 30 cm). Lege einen Alustreifen als Abschluß an die offene Teigseite. Schiebe das Backblech in den Backofen. Schneide aus dem noch warmen Gebäck kleine Dreiecke oder Quadrate und lege sie zum Abkühlen auf einen Kuchenrost.

Backofen-Einstellung:
Ober-/Unterhitze: 180-200 °C (nicht vorgeheizt)
Heißluft: 160-180 °C (nicht vorgeheizt)
Gas: Stufe 3-4 (nicht vorgeheizt)
Backzeit: etwa 12 Minuten.

Du kannst auch Haselnußkerne anstatt der Mandeln nehmen.

Brötchen zum Muttertag

(etwa 20 Stück)

Dazu brauchst Du:

Für den Teig:
500 g Weizenmehl (Type 405)
1 Päckchen Trocken-Backhefe
50 g Butter
250 ml (¼ l) Milch
1 Ei
1 gestrichenen TL Jodsalz

Zum Bestreichen:
2 Eigelb
2 EL Milch

Stelle bereit:

1 Rührschüssel
1 Mehlsieb
1 kleinen Stieltopf
1 Handrührgerät mit
  Knethaken
2 Backbleche
Backpapier
1 Backpinsel

Mutti denkt, sie riecht nicht recht! Träumt sie etwa? Es ist echt: Wir haben ihr zum Muttertag diese köstlichen Brötchen gebacken! Stark, nicht wahr?

So wird's gemacht:

Für den Teig siebe das Mehl in die Schüssel und vermische es sorgfältig mit der Trocken-Backhefe. Laß die Butter in dem Topf schmelzen und füge die Milch hinzu. Laß das Butter-Milch-Gemisch etwas abkühlen und gib es zusammen mit Ei und Salz zu dem Mehl. Verarbeite alle Zutaten mit dem Handrührgerät mit Knethaken zuerst auf niedrigster, dann auf höchster Stufe zu einem glatten Teig. Stelle die Schüssel abgedeckt an einen warmen Ort und laß den Teig so lange gehen, bis er sich sichtbar vergrößert hat. Nimm den Teig aus der Schüssel und knete ihn auf der bemehlten Arbeitsfläche mit Deinen Händen nochmals gut durch. Dann laß ihn nochmals etwa 30 Minuten gehen. Wiege vom Hefeteig 40 g schwere Teigstücke ab und forme sie mit bemehlten Händen zu Kugeln. Diese Hefekugeln lege mit größerem Abstand auf die mit Backpapier belegten Bleche und drücke sie mit dem Handballen etwas flach. Decke die Brötchen nochmals zu und lasse sie weitere 20 Minuten gehen. Verrühre Eigelb und Milch und streiche das Gemisch mit einem Backpinsel auf die Brötchen. Anschließend schneide jedes Brötchen längs oder kreuzweise ein. Schiebe die Backbleche in den Backofen und laß die Brötchen etwa 20 Minuten backen. Stelle eine kleine Schüssel mit Wasser unter das Backblech.

Backofen-Einstellung
Ober-/Unterhitze: etwa 200 °C (vorgeheizt)
Heißluft: etwa 180 °C (nicht vorgeheizt)
Gas: Stufe 3-4 (vorgeheizt)
Backzeit: etwa 20 Minuten.

Bevor die Brötchen in den
Backofen kommen, kann
man sie mit Mohn, Kümmel
oder Sesam bestreuen.

Mümmelmanns Geburtstagstorte

Dazu brauchst Du:

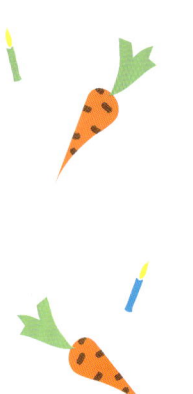

Zum Einfetten der Formen:
Butter

Für den Teig:
300 g Möhren/6 Eigelb
4 EL lauwarmes Wasser
200 g Zucker

Dieses Rezept rücken die Mümmelmänner ungern raus. Doch bei Geburtstagen machen sie eine Ausnahme. Der Geheimtip: In dieser Torte sind echte Möhren versteckt.

1 Päckchen Vanillin-Zucker
1 Prise Jodsalz
Schale und Saft von 1 Zitrone (unbehandelt)
250 g gemahlene Haselnußkerne
100 g Mehl (Type 1050)
2 gestrichene TL Backpulver
6 Eiweiß

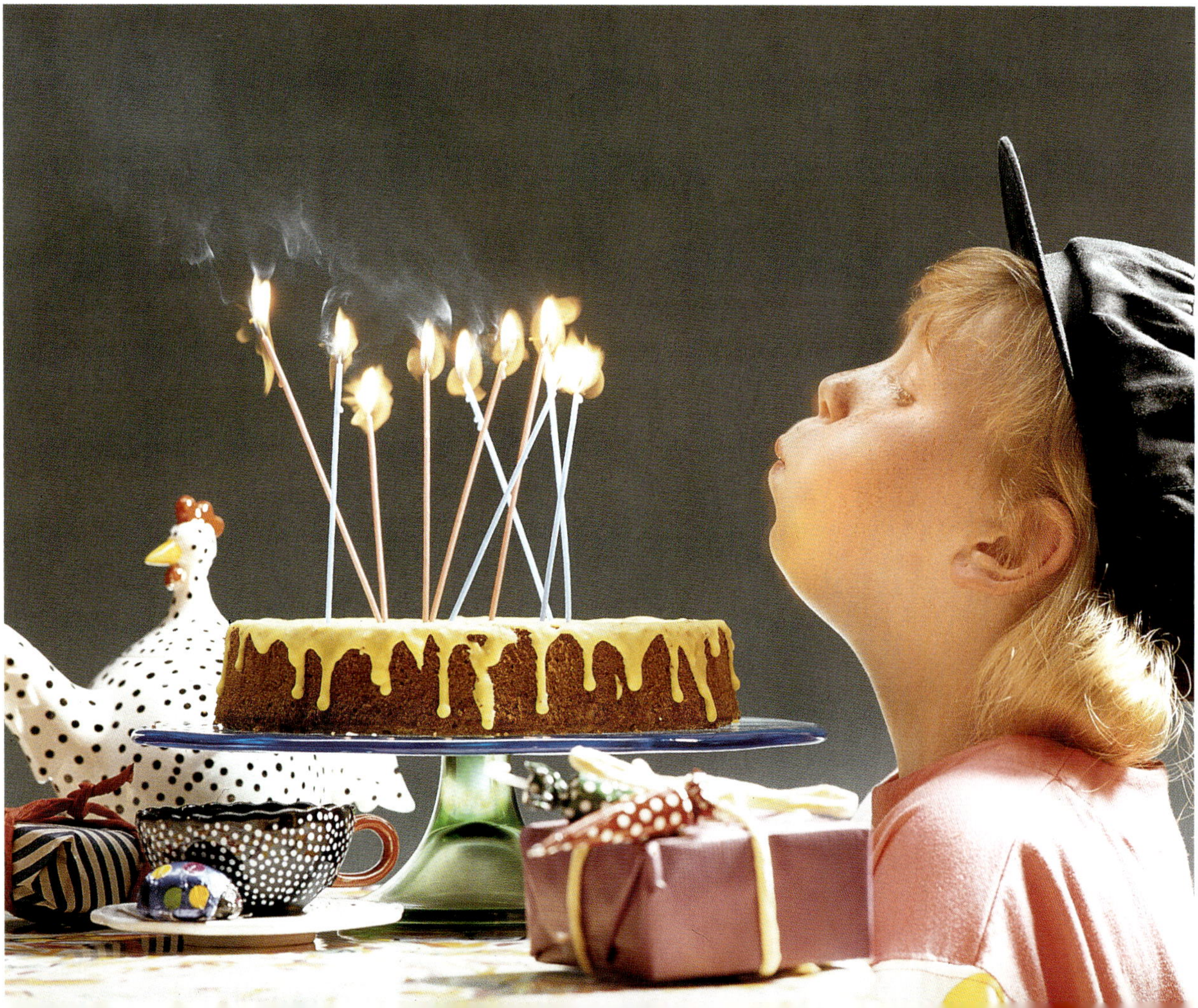

Wasche und schäle die Möhren. Reibe sie fein auf einen Teller. Für den Teig gib Eigelb, Wasser, Zucker, Vanillin-Zucker, Salz, Zitronenschale und -saft in die große Rühr-

Zum Garnieren:
200 g Puderzucker
2 EL Zitronensaft
1-2 EL Möhrensaft
Geburtstagskerzen

Stelle bereit:

1 Schälmesser
1 Reibe
1 große Rührschüssel
1 Handrührgerät mit
  Rührbesen
1 Rührschüssel
1 Zitronenpresse
1 große Rührschüssel
1 Springform
  (Durchmesser 28 cm)
1 Teigschaber
1 Kuchenrost
1 kleine Rührschüssel
1 Backpinsel

schüssel und verrühre die Zutaten mit dem Handrührgerät mit Rührbesen schaumig. Rühre Haselnüsse und Möhren unter.
Mische Mehl mit Backpulver, gib es auf die Masse und rühre es unter. Schlage das Eiweiß zu steifem Schnee und hebe ihn vorsichtig unter den Teig.
Gib den Teig in die Springform und streiche die Teigoberfläche mit dem Teigschaber glatt. Schiebe die Form in den Backofen und laß die Torte etwa 50 Minuten goldbraun backen. Öffne danach die Springform und lasse die Torte auf dem Kuchenrost auskühlen.
Verrühre Puderzucker, Zitronensaft und Wasser zu einer cremigen Masse.

Bestreiche die abgekühlte Torte mit dem Guß und stecke die Geburtstagskerzen hinein.

Backofen-Einstellung:
Ober-/Unterhitze: etwa 200 °C
(vorgeheizt)
Heißluft: etwa 180 °C
(nicht vorgeheizt)
Gas: Stufe 3-4
(nicht vorgeheizt)
Backzeit: etwa 50 Minuten.

Du kannst die Geburtstagstorte auch mit einem Schokoladenguß überziehen.

Kunterbuntes ABC und quirliges 1x1

Dazu brauchst Du:

Für den Teig:
250 g Weizenmehl (Type 405)
1 Messerspitze Backpulver
80 g feinkörnigen Zucker
1 Päckchen Vanillin-Zucker
1 Prise Jodsalz
130 g weiche Butter oder
    Margarine
1 Ei

Zum Garnieren:
200 g Puderzucker
3 EL Zitronensaft
Schokoherzen, Zuckerstreusel,
    Gummibärchen und was Dir
    sonst noch gefällt

Stelle bereit:

1 Mehlsieb
1 große Rührschüssel
1 Handrührgerät mit
    Knethaken
Frischhaltefolie
1 Backblech
Backpapier
1 kleine Rührschüssel
1 Backpinsel

Wie wär's, wenn Du mit den Buchstaben die Namen Deiner Geburtstagsgäste schreibst und als Platzkarten auf die Teller legst? Aber aufgepaßt: Die bunten Buchstaben werden im Nu weggenascht! Und dann wird plötzlich aus einem Alexander ein Alex oder gar aus einer Martina ein Martin!

So wird's gemacht:

Mische Mehl mit Backpulver und siebe es in die Rührschüssel. Füge die anderen Zutaten hinzu. Verarbeite alles mit dem Handrührgerät mit Knethaken zuerst auf niedrigster, dann auf höchster Stufe zu einem krümeligen Teig. Knete diesen anschließend auf der Arbeitsfläche nochmals gut durch. Wickele den Teig in Folie und lege ihn etwa 2 Stunden in den Kühlschrank.
Bestreue die Arbeitsfläche mit etwas Mehl. Nimm von der großen Teigkugel kleine Stückchen weg und rolle jedes Stückchen zu einem dünnen "Wurm". Forme aus diesem Wurm Buchstaben oder Zahlen. Lege sie auf das mit Backpapier belegte Backblech. Schiebe das Blech in den Backofen. Laß die gebackenen Buchstaben und Zahlen vor dem Verzieren etwas auskühlen.
Zum Garnieren verrühre Puderzucker und Zitronensaft zu einer cremigen Masse. Bestreiche damit die Buchstaben und Zahlen und garniere sie nach Deiner Phantasie!

Backofen-Einstellung:
Ober-/Unterhitze: etwa
180 °C (vorgeheizt)
Heißluft: etwa 160 °C
(nicht vorgeheizt)
Gas: etwa Stufe 3 (vorgeheizt)
Backzeit: 10-15 Minuten.

Du kannst auch gekaufte Buchstaben- und Zahlenausstechförmchen verwenden.

Schuhsohlen

Dazu brauchst Du:

Für den Teig:
250 g Weizenmehl (Type 405)
80 g feinkörnigen Zucker
1 Päckchen Vanillin-Zucker
1 Prise Jodsalz
1 Ei
125 g kalte Butter

Zum Garnieren:
100 g Puderzucker
1-2 EL Zitronensaft
Back- und Speisefarben
Gebäckschmuck und Süßig-
keiten, z.B. Gummibärchen,
Zuckerherzen usw.

Stelle bereit:

1 Rührschüssel
1 Mehlsieb
1 Handrührgerät mit
Knethaken
Frischhaltefolie
1 Teigrolle
1 Backblech
Backpapier
1 Kuchenrost
1 kleine Rührschüssel
1 Backpinsel

Ja, ja, Ihr habt richtig gelesen: Schuhsohlen kann man backen. Allerdings eignen sich diese Schuhsohlen - wie Ihr Euch sicher vorstellen könnt - nicht gut zum Drauf-herumlaufen. Dafür wären sie auch viel zu schade. Sie sollten doch besser schnurstracks in Euren Mund marschieren!

So wird's gemacht:

Siebe das Mehl in die Schüs-sel, füge Zucker, Vanillin-Zuk-ker, Salz, Ei und die Butter in Flöckchen dazu und verarbeite die Zutaten mit dem Handrühr-gerät mit Knethaken zu einem krümeligen Teig. Knete diesen anschließend auf der Arbeits-fläche mit den Händen nochmals gut durch. Wik-kele den Teig in Folie und lege ihn 1-2 Stunden in den Kühl-schrank. Rolle den Teig in 2 Portionen etwa 3 mm dick aus. Schneide aus dem Teig "Schuhsohlen" aus oder zeich-

ne zuerst eine "Schuhsohlen"-Form als Schablone auf Karton und schneide sie aus. Lege die Schablone auf den Teig, schneide die Schuhsohlen aus und lege sie auf das mit Back-papier belegte Backblech.

Wenn Ihr schon etwas mehr Übung im Backen habt, dann backt doch mal "Fußsohlen" mit fünf Zehen dran.

Schiebe das Blech in den Backofen und laß die Schuhsohlen goldgelb backen. Lege die gebackenen Schuhsohlen auf einen Kuchenrost und laß sie auskühlen. Zum Verzieren verrühre Puderzucker mit Zitronensaft zur cremigen Masse. Färbe sie evtl. mit Back- und Speisefarben und bestreiche die Schuhsohlen damit. Garniere die Schuhsohlen nach Deiner Phantasie mit Süßigkeiten und Gebäckschmuck.

Backofen-Einstellung:
Ober-/Unterhitze: etwa 200 °C (vorgeheizt)
Heißluft: etwa 180 °C (nicht vorgeheizt)
Gas: Stufe 3-4 (vorgeheizt)
Backzeit: etwa 10 Minuten.

Geburtstagsbaum

Zum Einfetten des Back-
blechs: Butter

Für den Teig:
375 g Weizenmehl (Type 550)
100 g Puderzucker
225 g Butter oder Margarine
1 Eigelb
1 Prise Jodsalz

Zum Garnieren:
100 g Puderzucker
1-2 EL Zitronensaft
Back- und Speisefarben
Gebäckschmuck, z.B. Lakritz,
    Schoko-Alphabet,
    Zuckerherzen

Stelle bereit:

1 Mehlsieb
1 große Rührschüssel
1 Handrührgerät mit
  Knethaken
Frischhaltefolie
1 Teigrolle
1 Backblech
1 kleines Quadratförmchen
  evtl. andere Ausstech-
  förmchen
1 Kuchenrost/1 Backpinsel
1 kleine Schüssel

So wie auf Apfelbäumen
Äpfel und auf Birnen-
bäumen Birnen,
wachsen auf Geburtstags-
bäumen Geburtstags-
geschenke. Und die
Kinder, die Geburtstag
haben, dürfen die
Geschenke pflücken.
Dieser Baum ist zwar
noch klein aber vielleicht
wächst er noch.

So wird's gemacht:

Siebe das Mehl in die Schüssel
und streue den Puderzucker
darüber. Füge Butter oder
Margarine, Eigelb und Salz hinzu. Verarbeite die Zutaten mit
dem Handrührgerät mit Knethaken zu einem krümeligen
Teig. Knete diesen mit den
Händen auf der bemehlten
Arbeitsfläche nochmals gut
durch. Wickele den Teig in
Folie und lege ihn 2-3 Stunden
in den Kühlschrank. Rolle den
Teig auf dem gefetteten Backblech etwa $\frac{1}{2}$ cm dick aus.
Schneide aus dem Teig einen
Baum aus. Wenn Du möch-

test, kannst Du Dir zuvor eine
Schablone auf Karton malen.
Schneide die Schablone aus,
lege sie auf den Teig und
schneide den Teigbaum aus.
Schiebe das Backblech in den
Backofen. Steche aus dem
restlichen Teig Quadrate oder
andere Formen aus. Nimm den
gebackenen Baum aus dem
Ofen und schiebe die Quadrat-
Plätzchen hinein. Lege zum
Auskühlen alles auf den Kuchenrost. Verrühre in einer
kleinen Schüssel Zitronensaft
und Puderzucker. Bestreiche
Baum und Quadrate damit.
Wenn Du möchtest, kannst Du
den Guß einfärben. Klebe die
Quadrate als Geschenke an
den Baum und verziere alles
mit Gebäckschmuck und
Süßigkeiten.

Backofen-Einstellung:
Ober-/Unterhitze: etwa 200 °C
(vorgeheizt)
Heißluft: etwa 180 °C
(nicht vorgeheizt)
Gas: Stufe 3-4 (vorgeheizt)
Backzeit für den Baum: etwa
25 Minuten
Backzeit für die Herzen und
Quadrate: etwa 15 Minuten.

TIP

Verschenke den Geburts-
tagsbaum doch mal an
Eltern, Geschwister oder
Freunde. Auch andere
kleine Päckchen kann man
an den Baum kleben.

Naschwaffeln

Lecker !

Dazu brauchst Du:

Für den Teig:
250 g weiche Butter oder
  Margarine
180g 200 g Zucker
1 Prise Jodsalz
4 Eier
Schale von 1 Zitrone
  (unbehandelt)

Huch, in wenigen
Stunden sind Deine
Geburtstagsgäste da!
Kein Grund zur Panik!
Im Notfall, wenn Du es
nicht mehr schaffst,
backt sich jeder seine
Waffel selbst!
Das ist sogar witzig.
Alles klar?

250 g Weizenmehl
  (Type 1050)
125 ml (⅛ l) Mineralwasser

Zum Garnieren:
Puderzucker
evtl. Vanilleeis
Erdbeeren, Himbeeren oder
  andere Früchte

Stelle bereit:

1 große Rührschüssel
1 Handrührgerät mit
   Rührbesen
1 kleinere Rührschüssel
1 Zitronenreibe
1 Teigschaber
1 Waffeleisen mit 5 Herzchen
   (19 cm Durchmesser)
1 Kuchenrost
1 Puderzuckersieb

So wird's gemacht:

Für den Teig rühre die Butter
bzw. Margarine mit dem Handrührgerät mit Rührbesen geschmeidig und laß nach und
nach den Zucker und die Prise
Salz einrieseln. Trenne jedes Ei
in Eigelb und Eiweiß. Gib das
Eiweiß in die kleinere Rührschüssel und jedes Eigelb
unter Rühren zu der Butter-
Zucker-Masse. Reibe die Zitronenschale dazu. Rühre eßlöf-
felweise das Vollkornmehl
unter. Gieße anschließend das
Mineralwasser hinein und ver-
menge es vorsichtig mit dem
Teig. Schlage das Eiweiß zu
steifem Schnee und hebe ihn

unter den Waffelteig. Stelle
das Waffeleisen auf Mittelhitze
ein (Stufe 3-4). Fülle 2-3 gehäufte Eßlöffel Teig auf die
heiße Waffelplatte. Schließe
das Waffeleisen, backe die
Waffel goldgelb. Löse die
gebackene Waffel mit der
Gabel vom Waffeleisen und
lege sie zum Auskühlen auf
den Kuchenrost.
Bestäube die Waffeln mit
etwas Puderzucker.

Waffeleisen-Einstellung

Stufe 3-4 (Mittelhitze)
Backzeit: 4-5 Minuten.
Toll schmecken die Waffeln mit
Vanilleeis und Erdbeeren.
Unbedingt ausprobieren!

Abwandlung

Statt des Vollkornmehls kannst
Du auch weißes, ausgemahle-
nes Weizenmehl zum Backen
verwenden. Laß dann aber
bitte das Mineralwasser weg,
sonst wird bei diesem Mehl der
Teig zu flüssig. Diese Waffeln
schmecken auch ohne Beiga-
be ganz prima. Wenn Du sie in
einer Keksdose verschließt,
dann bleiben sie ein paar Tage
frisch.

Pizza Pinocchio

Dazu brauchst Du:

Zum Einfetten der Form:
Olivenöl

Für den Teig:
125 g mageren Speisequark
4-5 EL Milch
3 EL Olivenöl
$\frac{1}{2}$ gestrichenen TL Jodsalz
100 g grob gemahlenes
  Grünkernmehl
150 g Weizenmehl (Type 550)
$\frac{1}{2}$ Päckchen Backpulver

Für den Belag:
1 große Zwiebel
50 g Schinkenspeck
200 g grüne Prinzeßbohnen
2 Tomaten
grob gemahlenen weißen
  Pfeffer
ein paar Tropfen Olivenöl
50 g geriebenen Emmentaler-
  Käse
1 gestrichenen EL feinge-
  schnittenes Bohnenkraut

Stelle bereit:

1 Rührschüssel
1 Handrührgerät mit
  Knethaken
1 Mehlsieb
1 Teigrolle
1 Pizzaform aus Blech oder
  feuerfestem Glas
  (Durchmesser 27 cm)
1 mittelgroßen Kochtopf
1 Sieb
1 Pfeffermühle

So wird's gemacht:

Für den Teig gib Quark, Milch,
Olivenöl und Salz in eine Rührschüssel und verrühre die Zutaten mit dem Handrührgerät
mit Knethaken. Dann rühre
das Grünkernmehl darunter.
Mische anschließend Weizenmehl mit Backpulver und siebe
es über den Grünkernteig.

Knete alle Zutaten gut durch. Rolle den Teig auf der bemehlten Arbeitsfläche nach allen Seiten dünn aus. Lege den ausgerollten Teig auf die Pizzaform und drücke den Rand gleichmäßig fest. Schäle die Zwiebeln, schneide sie in dünne Ringe und verteile sie gleichmäßig auf dem Pizzateig. Würfele den Schinkenspeck und streue die Würfel auf die Zwiebelringe. Dünste die Prinzeßbohnen kurz in wenig Salzwasser und schütte sie zum Abtropfen auf ein Sieb. Danach verteile die Bohnen auf die Schinkenspeckwürfel.

Spüle die Tomaten mit heißem Wasser ab, entferne den Stielansatz und schneide sie in Scheiben. Lege die Tomatenscheiben dicht nebeneinander wie einen Tomatenkranz an den Pizzarand und streue den Pfeffer darüber. Schiebe die Pizza in den Backofen. Gib nach etwa 30 Minuten den geriebenen Käse darüber und laß ihn in 2 Minuten schmelzen.
Bestreue die Pizza vor dem Servieren mit Bohnenkraut.

Backofen-Einstellung:
Ober-/Unterhitze: etwa 220 ° C (vorgeheizt)
Heißluft: etwa 200 °C (nicht vorgeheizt)
Gas: Stufe 4-5 (vorgeheizt)
Backzeit: etwa 30 Minuten.

Falls Du auch zu den Kindern gehörst, die keine Prinzeßbohnen mögen, kannst Du dafür auch 100 g Champignons oder 300 g bunte Paprikaschoten verwenden.

Pipis Kraftkornbrot

Dazu brauchst Du:

Für den Teig:
300 g Roggenkörner,
   mittelfein gemahlen
200 g Weizenkörner,
   fein gemahlen
150 g Dinkelkörner,
   fein gemahlen
1 Päckchen Trocken-Backhefe
3 gestrichene TL Jodsalz
1 gehäuften TL Zucker
400 ml lauwarmes Wasser

Stelle bereit:

1 große Rührschüssel
1 Handrührgerät mit
   Knethaken
1 Backblech
Backpapier
1 Backpinsel

**Alle Welt backt Brot,
nur Du noch nicht?
Dann nichts wie ran an
Pipis Kraftkornbrot.
So ein selbstgemachtes
kerngesundes Kornbrot
macht sich ausge-
zeichnet als Pausenbrot
für die Schule.
Das macht nicht nur
stark, das schmeckt
auch stark.**

So wird's gemacht:

Für den Teig schütte das Rog-
gen-, Weizen- und Dinkelmehl
in die Schüssel und vermische
es sorgfältig mit der Trocken-
Backhefe. Streue Salz und
Zucker darüber. Füge das
Wasser hinzu und verrühre
alles mit dem Handrührgerät
mit Knethaken zuerst auf
niedrigster, dann auf höchster
Stufe zu einem glatten Teig.
Stelle die Schüssel abgedeckt
an einen warmen Platz und laß
den Teig so lange gehen, bis
er sich sichtbar vergrößert hat.
Nimm den Teig aus der Schüssel und knete ihn mit den Händen nochmals auf einer

bemehlten Arbeitsfläche
gründlich durch. Forme aus
dem Teig einen Laib und lege
ihn auf ein mit Backpapier
belegtes Backblech. Laß ihn
nochmals gehen. Bestreiche
die Teigoberfläche mit Wasser
und bestäube sie mit etwas
Mehl. Dann schiebe den Laib
in den Backofen.

Backofen-Einstellung

Ober-/Unterhitze: etwa 200 °C
(vorgeheizt)
Heißluft: etwa 180 °C
(nicht vorgeheizt)
Gas: Stufe 3-4 (vorgeheizt)
Backzeit: etwa 1 Stunde.

**Vielleicht habt Ihr zu Hause
eine Getreidemühle. Falls
nicht, kannst Du Dir die
Getreidekörner im Geschäft
mit der Getreidemühle
mahlen lassen!**

Verschmitzter Vampir

(Titelbild)

Vampire sind gar nicht so blutrünstig wie man immer glaubt. Diesen verschmitzten hier hast Du bestimmt auch zum Fressen gern! Denn er ist so süß und knusprig. Ha, ha wie sich Deine Zähne auf ihn freuen!

Dazu brauchst Du:

Für den Teig:
150 g Honig
1 Päckchen Vanillin-Zucker
50 g Butter oder Margarine
1 Eigelb
1 TL gemahlenen Zimt
1 Messerspitze gemahlene
   Nelken
250 g Weizenmehl (Type 405)
3 gestrichene TL Backpulver

Zum Garnieren:
50 g Vollmilch-Schokolade
etwas Kokosfett
1 EL Puderzucker
wenige Tropfen Zitronensaft
rote Back- und Speisefarbe
   (für die Zunge)
Lakritz
abgezogene Mandeln

Stelle bereit:

1 Rührschüssel
1 Handrührgerät mit
   Knethaken
Frischhaltefolie
1 Teigrolle
1 Backblech/Backpapier
1 kleiner Stieltopf
1 kleine Schüssel
1 Backpinsel

So wird's gemacht:

Gib Honig, Vanillin-Zucker, Butter oder Margarine, Eigelb, Zimt und Nelken in die Rührschüssel und verrühre die Zutaten mit dem Handrührgerät mit Knethaken. Mische Mehl mit Backpulver und verrühre es mit den übrigen Zutaten zu einem krümeligen Teig. Knete diesen anschließend mit den Händen auf der bemehlten Arbeitsfläche nochmals gut durch. Wickele ihn in Folie und lege ihn etwa 2 Stunden in den Kühlschrank. Rolle den Teig auf der bemehlten Arbeitsfläche etwa 1 cm dick aus. Mache Dir vom Titelbild eine Schablone aus Pappe. Lege sie auf den Teig und schneide die Formen mit einem spitzen Messer aus. Lege die Vampire auf ein mit Backpapier belegtes Backblech und schiebe sie in den Backofen. Lasse die gebackenen Vampire etwas auskühlen.

Dann kannst Du sie wie auf dem Titelbild mit den angegebenen Zutaten verzieren. Breche dafür die Schokolade in kleine Stücke und rühre sie mit dem Kokosfett in einem kleinen Topf im Wasserbad bei schwacher Hitze geschmeidig. Verrühre Puderzucker und Zitronensaft zu einer cremigen Masse. Färbe einen kleinen Teil vom Puderzuckerguß für die Zunge rot. Bestreiche die verschmitzten Vampire mit dem Schokoladen- und dem Puderzuckerguß und verziere sie mit Lakritz und Mandeln.

Backofen-Einstellung:

Ober-/Unterhitze: 180-200 °C
(vorgeheizt)
Heißluft: 160-180 °C
(nicht vorgeheizt)
Gas: Stufe 3-4 (vorgeheizt)
Backzeit: etwa 15 Minuten.

Lachender Obstkuchen

Dazu brauchst Du:

Zum Einfetten des Back-
blechs: Butter

Für den Teig:
150 g Magerquark
6 EL Milch
6 EL Speiseöl
75 g feinkörnigen Zucker
1 Päckchen Vanillin-Zucker
1 Prise Jodsalz
300 g Weizenmehl (Type 405)
1 Päckchen Backpulver

Für den Belag:
z.B. 1-1,5 kg Äpfel
   oder Aprikosen
Mandelblättchen
etwa 125 ml ($\frac{1}{8}$ l)
   Schlagsahne
2 EL Zucker

Stelle bereit:

1 große Rührschüssel
1 Handrührgerät mit
   Knethaken
1 Mehlsieb
Frischhaltefolie
1 Teigrolle
1 Backblech

Wie wär's, wenn Ihr mal ein Picknick plant? Jeder bringt etwas zu essen und zu trinken mit. Man braucht nur noch eine Decke zum Draufsitzen und dann nichts wie raus ins Grüne. Picknick-Erprobte vergessen auch Frisbee, Federball-spiel und Ball nicht. Viel Spaß!

So wird's gemacht:

Gib Quark, Milch, Öl, flüssige Butter, Zucker und Vanillin-Zucker und Salz in die Rühr-schüssel und verrühre die Zutaten mit dem Handrühr-gerät mit Knethaken. Mische Mehl mit Backpulver, siebe es nach und nach auf die Quark-masse und rühre es unter. Knete den Teig nochmals gut durch. Wickele den Teig in Folie und lege ihn etwa 2 Stunden in den Kühlschrank. Rolle den Teig auf der bemehl-ten Arbeitsfläche etwa 3 mm

**Du kannst auch verschiede-
ne Obstsorten nebeneinan-
der auf den Kuchen legen.**

dick zu einem Rechteck aus
und lege dieses auf das gefettete Backblech. Schneide das
Obst in Spalten oder Scheiben
und lege es auf den Teig. Zum
Schluß streue Mandelblättchen
und etwas Zucker über das
Obst. Schiebe den Kuchen auf
dem Rost in den Backofen.
Schlage die Schlagsahne steif,
gib sie in einen Spritzbeutel mit
Lochtülle und spritze ein
Gesicht auf den Obstkuchen.

Backofen-Einstellung:
Ober-/Unterhitze: etwa 200 °C
(vorgeheizt)
Heißluft: etwa 180 °C
(nicht vorgeheizt)
Gas: Stufe 3-4 (vorgeheizt)
Backzeit: 25-30 Minuten.

Schmetterlinge und Herz

Zum Einfetten/Ausstreuen:
Butter/Semmelbrösel

Für den Teig:
125 g weiche Butter oder
  Margarine
125 g feinkörnigen Zucker
1 Päckchen Vanillin-Zucker
1 Prise Jodsalz
2 Eier
250 g Weizenmehl (Type 405)
½ Päckchen Backpulver

Zum Garnieren der
Schmetterlinge:
100 g Puderzucker
1-2 EL Zitronensaft
Back- und Speisefarben
Süßigkeiten

Stelle bereit:

1 Rührschüssel
1 Handrührgerät mit
  Rührbesen
1 Mehlsieb
4 Schmetterlingsformen
1 Herzform
1 Teigschaber
1 Kuchenrost
1 kleine Schüssel
1 Backpinsel

**Daß man Schmetter-
linge immer nur kurz
sieht, liegt wohl daran,
daß sie so flatterhaft
sind. Was macht man
da? Man backt sich
selbst welche! Und
wenn Ihr die Schmetter-
linge draußen eßt,
kann es sogar sein,
daß sich ein echter
dazugesellt. Vorsicht:
nicht verwechseln!**

So wird's gemacht:

Streue die Backformen mit
Semmelbröseln aus. Für den
Teig gib die Butter oder Mar-
garine in eine Schüssel. Füge
Zucker, Vanillin-Zucker und
Salz hinzu. Rühre mit dem
Handrührgerät mit Rührbesen
alle Zutaten schaumig.
Gib die Eier unter Rühren in
die Schüssel zu den anderen
Zutaten. Mische Mehl mit
Backpulver und siebe es hinzu.
Verrühre alles zu einem Teig.
Fülle je einen gehäuften Eßlöf-
fel Teig in die Schmetterlings-
formen. Streiche die Teigober-
fläche glatt. Gib den Rest des

Teiges mit Hilfe des Teigschabers in die Herzform und streiche die Oberfläche ebenfalls
glatt.
Schiebe die Formen auf dem
Rost in den Backofen.
Laß das Gebäck vor dem Verzieren auf dem Kuchenrost
auskühlen. Verrühre Puderzucker und Zitronensaft zu
einer cremigen Masse. Be-
streiche Herz und Schmetterlinge mit dem Guß und verziere
sie mit Süßigkeiten.

Backofen-Einstellung:

Ober-/Unterhitze: etwa 200 °C
(vorgeheizt)
Heißluft: etwa 180 °C
(nicht vorgeheizt)
Gas: Stufe 3-4 (vorgeheizt)
Backzeit für die Schmetterlinge: etwa 20 Minuten
Backzeit für das Herz:
etwa 35 Minuten.

**Wenn Du auf Farbstoffe
allergisch reagierst, dann
nimm zum Färben Zucker-
guß, den Du z.B. mit
Kirschsaft verrührst.**

Adventskalender

Dazu brauchst Du:

Zum Einfetten des Back-
blechs: Butter

Für den Teig:
300 g Honig
100 g Speiseöl
100 g Zucker
1 Prise Jodsalz
1 Ei
500 g Weizenmehl (Type 550)
1 Päckchen Backpulver
1 Päckchen Lebkuchen-
  gewürz

Zum Garnieren:
250 g Puderzucker
2 EL Zitronensaft
1-2 EL Wasser
Gebäckschmuck und Süßig-
  keiten, z.B. Gummibären,
  Zuckerstreusel usw.

Stelle bereit:

1 großen Stieltopf
1 große Rührschüssel
1 Rührlöffel
1 Mehlsieb
1 Handrührgerät mit
  Knethaken
1 Backblech
1 Teigrolle

**Am liebsten würdet Ihr
gleich viele der
Adventskalendersterne
vernaschen.
Mal sehen, wer bis
Heiligabend durchhält.**

1 großen Stern (Schablone,
  etwa 35 cm Durchmesser)
Ausstechförmchen: kleinere
  und größere Sterne
1 kleine Schüssel
1 Backpinsel

So wird's gemacht:

Erhitze in einem großen Stieltopf Honig, Öl, Zucker und
Salz, rühre die Masse gut um.
Schütte die erkaltete Masse in
eine große Rührschüssel, füge
das Ei hinzu und rühre es
unter. Mische Mehl mit Backpulver und Lebkuchengewürz
und siebe es auf die Masse.
Rühre die Zutaten mit dem
Handrührgerät mit Knethaken
gut durch. Lege den Teig etwa
4 Stunden in den Kühlschrank.
Rolle den Teig auf einem
gefetteten Backblech etwa
$\frac{1}{2}$ cm dick aus und schneide
den großen Stern aus. Rolle

den restlichen Teig auf einer
bemehlten Arbeitsfläche aus
und steche die kleineren Sterne aus. Lege die kleineren
Sterne auf das Backblech
(evtl. zweimal backen, falls der
Platz nicht reicht) und schiebe
das Blech in den Ofen.
Lasse die Sterne vor dem Verzieren etwas abkühlen.
Verrühre Puderzucker und
Zitronensaft zu einer cremigen
Masse. Forme aus Pergament-
Dreiecken kleine Tüten und
fülle die Masse hinein. Schneide nun die Spitze ab und spritze die Zahlen (1-24) auf die
Sterne. Klebe die Zahlensterne
mit Hilfe des Puderzucker-
gusses auf den großen Stern.
Damit Du den Adventskalender
an die Wand hängen kannst,
klebe ihn am besten mit
Puderzuckerguß auf ein Holz-
brett, das Du an der Wand
befestigst.

Backofen-Einstellung:

Ober-/Unterhitze: etwa 170 °C
(vorgeheizt)
Heißluft: etwa 150 °C
(nicht vorgeheizt)
Gas: Stufe 2-3 (vorgeheizt)
Backzeit: etwa 20 Minuten.

Bunte Knusperherzen

Für den Teig:
250 g Weizenmehl
  (Type 1050)
1 gestrichenen TL Backpulver
100 g feinkörnigen Zucker
1 Päckchen Vanillin-Zucker
1 Prise Jodsalz
1 Ei
100 g abgezogene, gemahlene
  Mandeln
100 g gemahlene
  Haselnußkerne
100 g kalte Butter
50 g saure Sahne

Zum Garnieren:
100 g Zartbitter-Kuvertüre
100 g Weiße Kuvertüre
20 g Kokosfett
Gebäckschmuck, z.B. Zuckerstreusel, Schoko- und
  Zuckerherzen usw.

Stelle bereit:

1 Rührschüssel
1 Handrührgerät mit
  Knethaken
1 Teigrolle
Herz-Ausstechförmchen
1 Backblech

Habt Ihr Lust ein Wett-
backen zu veranstalten?
Dann beteiligt alle daran,
die Ihr gerne mögt,
auch Eure Omis! Hierbei
kommt es nämlich
darauf an, wer die
schönsten und buntesten
Herzen verziert hat.
Der Sieger erhält eine
Kinokarte!

Backpapier
je 1 kleiner Stieltopf für Zartbitter-Kuvertüre und
  Weiße Kuvertüre
1 Backpinsel

So wird's gemacht:

Mische das Mehl mit dem
Backpulver und gib es in eine
Rührschüssel. Füge die

anderen Zutaten hinzu. Verarbeite alles mit dem Handrührgerät mit Knethaken zuerst kurz auf niedrigster, dann auf höchster Stufe zu einem Teig. Knete diesen anschließend auf der Arbeitsfläche nochmals gut durch. Wenn er noch klebt, dann lege ihn etwa 20 Minuten in den Kühlschrank. Rolle den Teig auf der bemehlten Arbeitsfläche etwa 1 cm dick aus. Steche mit den Ausstechförmchen soviel Herzen aus, daß kein Teig mehr übrig bleibt. Lege die Herzen auf ein mit Backpapier belegtes Backblech. Schiebe das Backblech in den Backofen.

Verrühre die Weiße und die Zartbitter-Kuvertüre getrennt mit je 10 g Kokosfett in einem kleinen Topf im Wasserbad bei schwacher Hitze zu einer geschmeidigen Masse. Bestreiche die Herzen damit und verziere sie mit dem Gebäckschmuck nach Deiner Phantasie.

Backofen-Einstellung:
Ober-/Unterhitze: etwa
180 °C (vorgeheizt)
Heißluft: etwa 160 °C
(nicht vorgeheizt)
Gas: etwa Stufe 3
(vorgeheizt)
Backzeit: 10-15 Minuten.

Eisbären-pfoten

Dazu brauchst Du:

Für den Teig:
3 Eiweiß
150 g feinkörnigen Zucker
1 Päckchen Vanillin-Zucker
1 Prise Jodsalz
150 g Kokosraspel
50 g abgezogene, gemahlene Mandeln
1 Messerspitze gemahlenen Zimt oder 2 Tropfen Backöl Bittermandel

Stelle bereit:

1 Rührschüssel
1 Handrührgerät mit Rührbesen
1 Rührlöffel
1 Backblech
Backpapier oder Oblaten

So wird's gemacht:

Schlage mit dem Handrührgerät mit Rührbesen das Eiweiß in der Schüssel steif. Füge unter Rühren nach und nach den Zucker, Vanillin-Zucker und das Salz hinzu. Hebe vorsichtig Kokosraspel, Mandeln, Zimt oder Backöl Bittermandel darunter. Setze mit 2 Teelöffeln kleine Teighäufchen auf ein mit Backpapier belegtes Backblech oder auf Oblaten und schiebe sie in den Backofen. Lasse die gebackenen Eisbärenpfoten auf dem Blech auskühlen.

Backofen-Einstellung:
Ober-/Unterhitze: etwa 130 °C
(vorgeheizt)
Heißluft: etwa 120 °C
(nicht vorgeheizt)
Gas: etwa Stufe 1-2
(vorgeheizt)
Backzeit: etwa 20-25 Minuten.

Hänsel und Gretels Knusperhaus

Für den Teig:
250 g Honig
150 g Zucker
100 g Butter oder Margarine
600 g Weizenmehl
   (Type 550)
1 Päckchen Backpulver
1 Ei

Hier sind Architekten gefragt! Endlich könnt Ihr Euch ein Traumhäuschen bauen. Am liebsten würde man schrumpfen, damit man darin wohnen könnte!

1 gestrichenen TL gemahlenen Zimt
1 gestrichenen TL gemahlene Nelken
1 gestrichenen TL gemahlenen Kardamom
1 Prise Jodsalz
abgeriebene Schale von
   1 Zitrone (unbehandelt)

Zum Garnieren:
100 g Puderzucker
1 Eiweiß
rote Blattgelatine für Fenster
    und Tür
alle Süßigkeiten, die Du magst,
    z.B. Gummibärchen, Lakritz

Stelle bereit:

1 großen Stieltopf
1 Rührlöffel/1 Mehlsieb
1 große Rührschüssel
1 Handrührgerät mit
    Knethaken
Frischhaltefolie/1 Teigrolle
Schablonen (1 Dreieck,
    1 Rechteck)
1 Backblech/Backpapier
1 kleine Schüssel
1 Backpinsel

So wird's gemacht:

Für den Teig erhitze Honig und
Zucker unter Rühren in dem
Stieltopf. Füge die Butter oder
Margarine hinzu und lasse sie
schmelzen. Mische Mehl mit
Backpulver und siebe es in die
Rührschüssel. Füge Ei, Gewür-
ze, Zitronenschale und die
Honig-Butter-Masse hinzu und
verrühre die Zutaten mit dem
Handrührgerät mit Knethaken
zu einem krümeligen Teig.
Knete diesen anschließend mit
den Händen auf der bemehlten
Arbeitsfläche nochmals gut
durch. Wickele den Teig in
Folie und lege ihn etwa 2
Stunden in den Kühlschrank.
Teile den Teig in 2 große und 2
kleine Stücke und rolle jedes

Stück auf der bemehlten Arbeitsfläche etwa 1 cm dick
aus. Schneide aus den größeren Teigflächen 2 Dreiecke
(Höhe 19 cm, Seitenlänge 23
cm) als Vorder- und Hinterfront
des Hauses und 2 rechteckige
Dachplatten (16 x 23 cm). Rolle für den Dachabschluß eine
Teigrolle von 16 cm Länge und
2 cm Breite. Rolle aus dem
restlichen Teig eine rechteckige Platte als Untergrund aus.
Lege die Teigteile auf das mit
Backpapier belegte Backblech
und schiebe es in den Backofen. Schneide aus den noch
warmen Platten Fenster und
Türen in die Vorder- und Hinterfront. Verrühre Puderzucker
und Eiweiß zu einer cremigen
Masse. Klebe von der Innen-
seite der Vorder- und Hinterfront mit Guß die rote, zuge-
schnittene Gelatine an.
Bestreiche die Hausteile mit
dem Guß und klebe sie zusammen. Verziere das Knusper-
haus nach Deiner Phantasie.

Backofen-Einstellung:

Ober-/Unterhitze: etwa 180 °C
(vorgeheizt)
Heißluft: etwa 160 °C
(nicht vorgeheizt)
Gas: etwa Stufe 3 (vorgeheizt)
Backzeit: etwa 15 Minuten.

**Setze in das Pfefferkuchen-
haus ein Teelicht, dann
leuchten die Fenster und
die Tür strahlend rot!**

Pummelzwerge

Dazu brauchst Du:

Für den Teig:
250 g Magerquark
100 ml Speiseöl
125 ml (⅛ l) Schlagsahne
90 g feinkörnigen Zucker
1 Päckchen Vanillin-Zucker
1 Prise Jodsalz
500 g Weizenmehl (Type 550)
1 Päckchen Backpulver

Zum Garnieren:
1 Eigelb
1 EL Milch
Korinthen
Belegkirschen
75 g Puderzucker
1 EL Zitronensaft
Hütchen aus Papier

Stelle bereit:

1 Rührschüssel
1 Handrührgerät mit
　Knethaken
1 Mehlsieb
1 Backblech
Backpapier
1 kleine Schüssel
1 Backpinsel

Klein und pummelig, aber oho sind diese Zwerge. Vor allem sind sie geschmacklich auf Zack. Die Kleinen sind ohnehin nicht zu unterschätzen, das seht Ihr doch bestimmt genauso, oder?!

So wird's gemacht:

Verrühre Quark, Öl, Schlag-sahne, Zucker, Vanillin-Zucker und Salz mit dem Handrühr-gerät mit Knethaken in der Rührschüssel. Mische Mehl mit Backpulver, siebe es auf die Masse und rühre es unter. Knete den Teig nochmals auf

der bemehlten Arbeitsfläche mit den Händen gut durch. Zupfe vom Teig kleine Stückchen weg und forme für einen Pummelzwerg eine größere Kugel für den Körper und eine kleinere Kugel für den Kopf. Setze die kleinere Kugel auf die größere und stelle sie auf ein mit Backpapier belegtes

Backblech. Verrühre Eigelb und Milch und bestreiche die Zwerge damit. Drücke 2 Korinthen als Augen und ein Stück einer Belegkirsche als Nase hinein. Schiebe das Blech in den Backofen. Lasse die Pummelzwerge etwas auskühlen. Dann verrühre den Puderzucker mit dem Zitronensaft zu einer cremigen Masse und male den Zwergen damit einen Bart. Jetzt kannst Du ihnen noch einen Papierhut aufsetzen.

Backofen-Einstellung:
Ober-/Unterhitze: 170-200 °C (vorgeheizt)
Heißluft: 150-180 °C (nicht vorgeheizt)
Gas: etwa Stufe 3 (vorgeheizt)
Backzeit: etwa 25 Minuten.

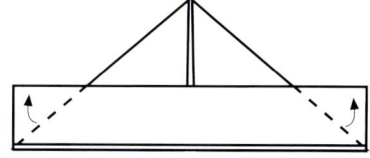

Was hältst Du davon, die Pummelzwerge zusammen mit Deiner Freundin oder Deinem Freund zu backen? Besorgt Euch die nötigen Sachen und dann geht's rund in Eurem "Backstudio". Mal sehen, wer den ulkigsten Zwerg backen kann!

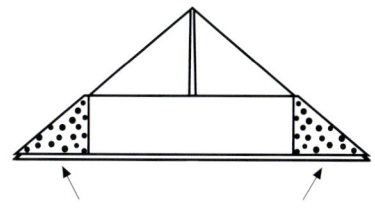

Nikolausstiefel

Dazu brauchst Du:

Für den Teig:
200 g flüssigen Honig
50 g Zucker
1 Prise Jodsalz
50 g flüssige Butter oder Margarine
1 Ei
2 gehäufte EL Kakao
1 Messerspitze gemahlenen Zimt
1 Messerspitze gemahlene Nelken
50 g nicht abgezogene, geriebene Mandeln
500 g Weizenmehl (Type 1050)
3 gestrichene TL Backpulver

Zum Garnieren:
100 g Puderzucker
1-2 EL Zitronensaft
Gebäckschmuck, z.B. Zucker-streusel, Süßigkeiten

Stelle bereit:

1 große Rührschüssel
1 Handrührgerät mit Rührbesen
1 Teigrolle
1 Backblech
Backpapier

Ausstechförmchen
1 kleine Schüssel
1 Backpinsel

So wird's gemacht:

Gib Honig, Zucker, Salz, Butter oder Margarine, Ei, Kakao, Zimt, Nelken und Mandeln in die Rührschüssel. Verrühre die Zutaten mit dem Handrühr-gerät mit Rührbesen. Mische Mehl mit Backpulver, gib es nach und nach zu den anderen Zutaten und rühre es unter. Knete den Honigkuchen an-schließend mit Deinen Händen auf der bemehlten Arbeits-fläche nochmals gut durch. Stelle den Teig zugedeckt 1-2 Stunden in den Kühlschrank.

Rolle den Teig auf einer be-mehlten Arbeitsfläche etwa 3 mm dick aus. Mache Dir nach Deiner Vorstellung eine Stiefelschablone aus Karton. Lege die Schablone auf den Teig und schneide die Stiefel aus. Wenn Du Lust hast, kannst Du auch direkt aus dem Teig Stiefel schneiden. Aus dem restlichen Teig kannst Du Plätzchen ausstechen. Lege die Stiefel und die Plätzchen auf das mit Backpapier belegte Backblech. Schiebe das Blech in den Backofen.
Laß die gebackenen Stiefel und Plätzchen vor dem Verzie-ren etwas auskühlen. Verrühre Puderzucker und Zitronensaft zu einer cremigen Masse und färbe diese ein. Streiche den Guß mit dem Backpinsel auf die Stiefel und Plätzchen und garniere sie mit den Süßigkei-ten und dem Gebäckschmuck.

Backofen-Einstellung:
Ober-/Unterhitze: etwa 200 °C (vorgeheizt)
Heißluft: etwa 180 °C (nicht vorgeheizt)
Gas: Stufe 3-4 (vorgeheizt)
Backzeit: etwa 15 Minuten.

Tannenbäume

Für den Teig:
100 g weiche Butter
120 g braunen Zucker
1 Päckchen Vanillin-Zucker
2 Eier
1 Prise Jodsalz
1 gestrichenen TL
  gemahlenen Zimt
1 Messerspitze
  gemahlenen Anis
3 Tropfen Backöl Bittermandel
100 g abgezogene, geriebene
  Mandeln
350 g Weizenmehl (Type 405)
1 gestrichenen EL Backpulver

Zum Garnieren:
100 g Puderzucker
1-2 EL Orangensaft
Back- und Speisefarben
Kokosraspel, Süßigkeiten

Stelle bereit:

1 Rührschüssel
1 Handrührgerät mit
  Rührbesen/Frischhaltefolie
1 Mehlsieb/1 Teigrolle
evtl. Tannenbaum-Ausstech-
  förmchen
1 Backblech/Backpapier
1 kleine Rührschüssel

Wetten, solch einen
Weihnachtsschmuck
habt Ihr noch nie ge-
habt! Und praktisch ist
er außerdem, denn Ihr
braucht ihn nach dem
Fest nicht wieder weg-
zuräumen, sondern
könnt die bunten
Tannenbäumchen mit
Euren Geschwistern
und Freunden
einfach aufessen.

1 dickere Stricknadel
1 Backpinsel

So wird's gemacht:

Für den Teig gib Butter, brau-
nen Zucker, Vanillin-Zucker,
Eier, Salz, Zimt, Anis und
Backöl Bittermandel in die
Rührschüssel und verrühre die
Zutaten mit dem Handrühr-
gerät mit Rührbesen. Mische
Mehl und Backpulver, siebe es
auf den Teig und rühre es

unter. Knete den Teig anschlie-ßend auf der bemehlten Arbeitsfläche mit den Händen nochmals gut durch. Wickele den Teig in Folie und lege ihn 1-2 Stunden in den Kühlschrank. Rolle den Teig auf der bemehlten Arbeitsfläche portionsweise etwa 3 mm dick aus. Steche mit Ausstechförmchen Tannenbäume aus oder schneide nach Deinen eigenen Vorstellungen Tannenbäume aus dem Teig und lege sie auf das mit Backpapier belegte Backblech. Schiebe das Blech in den Backofen und laß die Tannenbäume goldbraun backen. Steche in die noch warmen Plätzchen mit einer dickeren Stricknadel ein kleines Loch, damit Bändchen durchgezogen werden können. Lasse sie vor dem Verzieren etwas auskühlen. Verrühre Puderzucker und Orangensaft zu einer cremigen Masse. Färbe den Guß mit den Back- und Speisefarben und streiche ihn auf die Plätzchen. Bestreue die Tannenbäume z.B. mit Süßigkeiten oder Kokosraspeln. Hänge die Tannenbäume an den großen Weihnachtsbaum.

Backofen-Einstellung:
Ober-/Unterhitze: etwa 180 °C (vorgeheizt)
Heißluft: etwa 160 °C (nicht vorgeheizt)
Gas: etwa Stufe 3 (vorgeheizt)
Backzeit: 15-20 Minuten.

Funkelnde Sterntaler

Dazu brauchst Du:

Für den Teig:
3 Eigelb
1 Prise Jodsalz
125 g feinkörnigen Zucker
1 Päckchen Vanillin-Zucker
abgeriebene Schale von
  2 Zitronen (unbehandelt)
200-250 g abgezogene, gemahlene Mandeln
1 Messerspitze Backpulver

Zum Ausrollen:
gemahlene Mandeln

Zum Garnieren:
100 g Puderzucker
1-2 EL Zitronensaft
silberne und goldene Perlen

Stelle bereit:

1 große Rührschüssel
1 Handrührgerät mit
  Rührbesen
1 Teigrolle
1 Backblech
Backpapier
1 Sternchenform
1 kleine Rührschüssel
1 Backpinsel

So wird's gemacht:

Gib Eigelb, Salz, Zucker, Vanillin-Zucker, Zitronenschale in die Schüssel und rühre mit dem Handrührgerät mit Rührbesen alle Zutaten cremig. Rühre soviel Mandeln unter, daß ein Brei entsteht. Rühre das Backpulver unter und knete dann den Rest der Mandeln unter, bis der Teig nicht mehr klebt. Streue Mandeln auf die Arbeitsfläche und rolle den Teig etwa $1/2$ cm dick aus. Steche Sterne aus dem Teig und lege sie auf das mit Backpapier belegte Backblech. Schiebe das Blech in den Backofen.
Verrühre den Puderzucker mit dem Zitronensaft und streiche den Guß mit dem Backpinsel auf die Sterne. Bestreue die Zitronensterne mit silbernen und goldenen Perlen.

Backofen-Einstellung:
Ober-/Unterhitze: 170-200 °C (nicht vorgeheizt)
Heißluft: 160-170 °C (nicht vorgeheizt)
Gas: etwa Stufe 3 (vorgeheizt)
Backzeit: etwa 10 Minuten.

Sausende Schlitten

Für den Teig:
250 g Honig
100 g Zucker
500 g Weizenmehl (Type 550)
1 Päckchen Backpulver
2 gehäufte TL Kakao
1 gestrichenen TL
   gemahlenen Zimt
½ TL gemahlene Nelken
½ TL gemahlenen Anis
1 Messerspitze gemahlenen
   Kardamom
1 Prise Jodsalz
1 Eigelb
2 EL Mineralwasser

Zum Garnieren:
100 g Puderzucker
1-2 EL Zitronensaft
Gebäckschmuck,
   z.B. Schokoladenplätzchen,
   Schokostreusel, Smarties,
   Lakritz, Puderzucker

Stelle bereit:

1 Stieltopf
1 Rührschüssel
1 Handrührgerät mit
   Knethaken
1 Backblech
Backpapier

Diese Schlitten braucht Ihr gar nicht den Berg hochziehen. Sie werden ganz von alleine den Berg in Eure hungrigen Bäuche hinuntersausen. Und das schmeckt so richtig zum Abfahren!

1 kleine Schüssel
1 Backpinsel
1 Puderzuckersieb

So wird's gemacht:

Erwärme Honig und Zucker in einem Stieltopf und stelle ihn beiseite. Mische Mehl, Backpulver und Kakao und siebe das Gemisch in eine Rührschüssel. Füge die Gewürze, Salz, Eigelb und Mineralwasser hinzu. Schütte anschließend die Honig-Zucker-Masse dazu und verknete die Zutaten mit dem Handrührgerät mit Knethaken zu einem glatten Teig. Sollte er kleben, gib noch etwas Mehl hinzu. Stelle den Teig zugedeckt etwa 2 Stunden in den Kühlschrank. Teile den Teig in Stücke und rolle jedes Stück auf der bemehl-

ten Arbeitsfläche zu einer dicken "Wurst". Lege die Würste auf ein mit Backpapier belegtes Backblech und forme daraus wie auf dem Bild mehrere Schlitten. Schiebe das Blech in den Backofen. Laß die gebackenen Schlitten etwas abkühlen. Verrühre Puderzucker mit Zitronensaft zu einer cremigen Masse und bestreiche die Schlitten damit. Verziere die Schlitten mit dem Gebäckschmuck und den Süßigkeiten, die Du mit dem Guß festklebst. Wenn Du möchtest, kannst Du die Schlitten mit Puderzucker bestäuben.

Backofen-Einstellung:
Ober-/Unterhitze: etwa 200 °C (vorgeheizt)
Heißluft: etwa 170 °C (nicht vorgeheizt)
Gas: etwa Stufe 3-4 (vorgeheizt)
Backzeit: etwa 15-20 Minuten.

TIP

Du kannst aus dem Teig auch andere Dinge formen, z.B. Skier samt Skifahrer oder Tiere usw.

Weihnachtsmänner und -engel

Dazu brauchst Du:

Für den Teig:
200 g Weizenmehl (Type 405)
1 Messerspitze Backpulver
100 g gemahlene
   Haselnußkerne
70 g feinkörnigen Zucker
1 Prise Jodsalz
130 g kalte Butter oder
   Margarine
1 Ei

Zum Garnieren:
100 g Puderzucker
1-2 EL Zitronensaft
Back- und Speisefarbe
Gebäckschmuck, z.B.
   Zuckerstreusel

Stelle bereit:

1 große Rührschüssel
1 Mehlsieb
1 Handrührgerät mit
   Knethaken
Frischhaltefolie
1 Teigrolle
Ausstechförmchen
1 Backblech
Backpapier
1 kleine Schüssel
1 Backpinsel

Wer sagt denn, daß
Weihnachtsmänner
immer gleich aussehen?
Weihnachtsmänner in
Irland haben häufig rote
Bärte, in Italien tragen
sie einen schwarzen
Schnurrbart und in
Australien hat man sogar
einen in Badeschlappen
am Strand gesichtet!

So wird's gemacht:

Mische Mehl mit Backpulver
und siebe es in die Schüssel.
Füge Haselnüsse, Zucker,
Salz, Butter oder Margarine
und das Ei hinzu und verarbeite
die Zutaten mit dem Handrührgerät mit Knethaken zu einem
krümeligen Teig. Knete diesen
auf der bemehlten Arbeitsfläche nochmals gut durch.
Wickele den Teig in Folie und
lege ihn 1-2 Stunden in den
Kühlschrank. Rolle den Teig
portionsweise auf der bemehlten Arbeitsfläche etwa 3 mm
dick aus. Steche die Figuren
aus und lege sie auf das mit
Backpapier belegte Backblech.

Schiebe das Blech in den
Backofen.
Lasse die gebackenen Weihnachtsmänner etwas aus-
kühlen. Zum Garnieren verrühre den Puderzucker mit
dem Zitronensaft zu einer
cremigen Masse und färbe sie
mit den Back- und Speisefarben. Streiche den Guß mit dem
Backpinsel auf die Plätzchen.
Anschließend kannst Du die
Weihnachtsmänner und -engel
nach Deiner Phantasie deko-
rieren.

Backofen-Einstellung:

Ober-/Unterhitze: etwa 200 °C
(vorgeheizt)
Heißluft: etwa 180 °C
(nicht vorgeheizt)
Gas: Stufe 3-4 (vorgeheizt)
Backzeit: etwa 20 Minuten.

TIP

**Die Weihnachtsmänner und
-engel kannst Du auch als
Päckchenanhänger benut-
zen. Bohre nach dem
Backen ein Loch in die
Plätzchen, durch das Du ein
Bändchen ziehen kannst.**

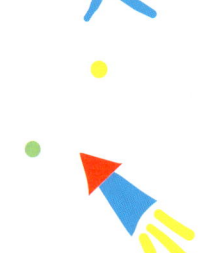

Berliner auf dem Blech

(etwa 20 Stück)

Für den Teig:
500 g Weizenmehl (Type 405)
1 Päckchen Trockenbackhefe
2 Eier
125 g weiche Butter oder
   Margarine
250 ml (¼ l) lauwarme Milch
1 Prise Jodsalz
60 g feinkörnigen Zucker
1 Päckchen Vanillin-Zucker

**Mensch Leute,
wir haben die Idee!
Füllt die Berliner statt
mit Konfitüre oder
Pflaumenmus mit
einem Teelöffel Senf
oder gar einem Stück
Zwiebel oder
Knoblauch!
Wer da reinbeißt,
der quiekt aber los!**

Zum Füllen:
etwa 20 gehäufte TL Konfitüre
   oder Pflaumenmus

Zum Garnieren:
100 g Puderzucker
1-2 EL Zitronensaft
Gummibärchen, Smarties
   und was Dir sonst noch
   einfällt!

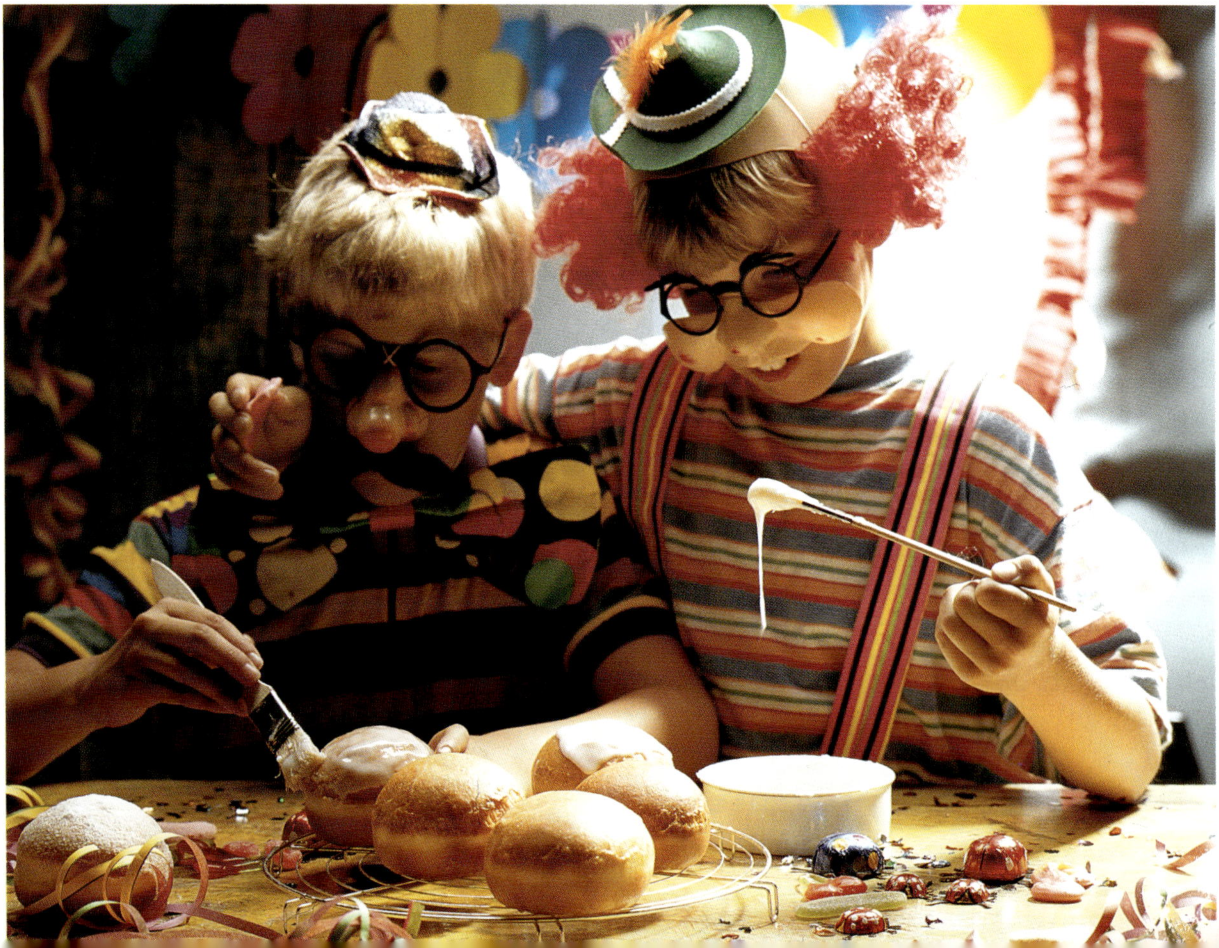

Stelle bereit:

1 große Rührschüssel
1 Mehlsieb
1 Handrührgerät mit
  Knethaken
1 Backblech
Backpapier
1 Backpinsel
1 Kuchenrost
1 kleine Schüssel
1 Backpinsel

So wird's gemacht:

Für den Teig siebe das Mehl in die Schüssel und vermische es sorgfältig mit der Trocken-Backhefe. Füge Eier, Butter oder Margarine, Milch, Salz, Zucker und Vanillin-Zucker hinzu. Verarbeite nun alle Zutaten mit dem Handrührgerät mit Knethaken zuerst auf niedrigster, dann auf höchster Stufe in etwa 5 Minuten zu einem glatten Teig. Laß den Teig abgedeckt an einem warmen Platz so lange gehen, bis er

sich sichtbar vergrößert hat. Nimm den Teig aus der Schüssel und knete ihn auf der bemehlten Arbeitsfläche nochmals gut durch. Forme eine Rolle und schneide etwa 20 gleichmäßige Scheiben ab. Drücke in jede Teigscheibe eine Vertiefung und fülle einen Teelöffel Konfitüre oder Pflaumenmus hinein. Drehe und drücke den Teigrand zusammen, so daß eine Kugel entsteht. Setze die Teigkugeln auf das mit Backpapier belegte Backblech und laß sie abgedeckt nochmals so lange gehen, bis sie sichtbar größer und luftig geworden sind. Schiebe nun das Backblech in den Backofen und laß die Berliner goldgelb backen. Lege sie zum Abkühlen auf einen Kuchenrost. Nach dem Abkühlen kannst Du mit der Dekoration beginnen. Verrühre Puderzucker und Zitronensaft zu einer cremigen Masse und streiche den Guß mit dem

Backpinsel auf die Berliner und verziere sie mit Süßigkeiten.

Backofen-Einstellung:

Ober-/Unterhitze: etwa 200 °C
(vorgeheizt)
Heißluft: etwa 180 °C
(nicht vorgeheizt)
Gas: Stufe 3-4 (vorgeheizt)
Backzeit: etwa 20 Minuten.

Ihr könnt die Berliner auch in einer Friteuse ausbacken. Aber bitte nur zusammen mit Mutti oder Papi!

Glücksschweinchen und -mäuse

Dazu brauchst Du:

Für den Teig:
125 g Magerquark
4 EL Milch
4 EL Speiseöl
1 kleines Ei
50 g feinkörnigen Zucker
1 Päckchen Vanillin-Zucker
1 Messerspitze Jodsalz
250 g Weizenmehl (Type 405)
1 Päckchen Backpulver
100 g abgezogene, gemahlene
    Mandeln

Zum Garnieren:
1 Eigelb
1 EL Milch
Korinthen

Stelle bereit:

1 Rührschüssel
1 Handrührgerät mit
    Knethaken
1 Mehlsieb
1 Teigrolle
1 größeres Glas
1 kleineres Glas
1 Backpinsel
1 Backblech
Backpapier
1 Kuchenrost

So wird's gemacht:

Gib Quark, Milch, Öl, Ei,
Zucker, Vanillin-Zucker und
Salz in die Rührschüssel und
verrühre die Zutaten mit dem
Handrührgerät mit Knethaken.
Mische Mehl mit Backpulver
und siebe es dazu. Füge die
Mandeln hinzu und knete alles
gut unter.
Bestreue die Arbeitsfläche mit
Mehl und rolle den Teig etwa
3 mm dick aus. Steche für je
ein Schweinchen mit dem
größeren Glas zwei Kreise aus.
Halbiere einen Kreis für die
Ohren. Für die Schnauze steche mit dem kleineren Glas
einen Kreis aus. Verrühre das
Eigelb mit der Milch und
bestreiche alle Kreise damit.
Und so entsteht ein Schweinchen: Lege einen kleinen auf
einen großen Kreis (nicht in die
Mitte, sondern etwas weiter
nach unten, da wo Schweinchen eben ihre Schnauze
haben). Drücke die Ohren an.
Stecke zwei Korinthen als
Augen über die Nase und
piekse mit einer Stricknadel
zwei Löcher in die Schnauze
(typische Schweine-Steckdo-
sen-Schnauze). Für die Mäuse
rolle kleine Kugeln, drücke sie
nach vorne spitz zu. Zupfe zwei
Ohren aus Teig hoch, rolle ein
kleines Schwänzchen und
drücke es fest. Drücke
Korinthen als Augen hinein.
Setze die Schweinchen und
Mäuse auf ein mit Backpapier
belegtes Backblech. Verrühre
Eigelb und Milch und bestreiche sie damit. Schiebe das
Blech in den Backofen. Lasse
die gebackenen Schweinchen
und Mäuse auf einem Kuchenrost auskühlen.

Backofen-Einstellung:
Ober-/Unterhitze: etwa
170-200 °C (vorgeheizt)
Heißluft: 150-170 °C
(nicht vorgeheizt)
Gas: Stufe 3-4 (vorgeheizt)
Backzeit: etwa 15-20 Minuten.

Wenn Du möchtest, kannst Du auch andere Tiere backen

Register

Backtips

Hier noch einige nützliche Backtips für Euch:

1. Vor dem Backen natürlich Händewaschen.

2. Teelöffel und Eßlöffel werden mit TL und EL abgekürzt.

3. Eier sind manchmal alt und nicht mehr zu verwenden. Deshalb solltet Ihr jedes Ei zuerst einzeln in einer Tasse aufschlagen, damit nicht der ganze Teig verdorben wird.

4. Auf welche Einschubhöhe Ihr das Gebäck in den Backofen schieben müßt, hängt von Eurem Backofen ab. Guckt Euch am besten mal die Backofen- und Herdanleitung an. Da steht drin, welche Art von Gebäck auf welcher Einschubhöhe gebacken werden muß.

Impressum

Umwelthinweis Dieses Buch und der Schutzumschlag wurden auf chlorfrei gebleichtem Papier gedruckt. Die Einschrumpffolie – zum Schutz vor Verschmutzung – ist aus umweltfreundlicher und recylingfähiger PE-Folie.

Für die freundliche Unterstützung danken wir Christina Becker
Simon Hartmann
Janina Lippert
Carina Meyer
Daniela Schürmann
Timo Schürmann
Lasse Speer
Klasse 2a der Marienschule Paderborn

Copyright © 1993 by Ceres Verlag
Rudolf August Oetker KG, Bielefeld

Redaktion Eva Müller

Titelfoto Fotostudio Toelle, Bielefeld

Innenfotos Ulli Hartmann, Fotostudio Toelle, Bielefeld

Foodstyling Ursula Stiller, Bielefeld

Text und Rezepte Rosemarie Franke, Paderborn

Gestaltung und Satz Agentur Becker, Geisler, Bielefeld

Illustrationen Gerd Becker

Reproduktionen SvD, Giesow GmbH, Bielefeld

Herstellung Graphischer Großbetrieb Pößneck GmbH, Pößneck
Nachdruck, auch auszugsweise, nur mit unserer ausdrücklichen Genehmigung und mit Quellenangabe gestattet.

ISBN 3-7670-0332-5